15 moderne Gedichte

Wolfgang Brenneisen

hat Bücher geschrieben und Ausstellungen gemacht.
Weitere Informationen unter:
https://de.wikipedia.org/wiki/Wolfgang_Brenneisen

Wolfgang Brenneisen

15 moderne Gedichte
im kleinen roten Buch

© 2022 Wolfgang Brenneisen
Herstellung und Verlag:
BoD – Books on Demand, Norderstedt
ISBN 9783756211791

Inhalt

Frère Jacques

Jacques Callot: Zeichner, Kupferstecher und Radierer vor einem halben Jahrtausend. Er ist wohl etwas in Vergessenheit geraten, auch wenn seine Blätter im Kunsthandel schöne Preise erzielen (wobei die Patina und das begrenzte Angebot sicher eine bedeutsame Rolle spielen). Er gilt als Chronist des Dreißigjährigen Krieges, hat E.T.A. Hoffmann begeistert (allerdings ist das auch schon wieder zwei Jahrhunderte her) und hat, wie man liest, Goya, Hogarth, Dalí und andere Künstler des Fantastischen angeregt. Das alles ist beachtlich, doch irgendwie historisch und für uns moderne Geister scheinbar nicht sehr relevant. Callot – ein paar Zeilen im großen Buch der Kunstgeschichte oder gar nur eine Fußnote.

Nun muss ich aber gestehen, dass ich nicht so denke und dass es mir wie E.T.A. Hoffmann geht. Dieser hat sicher nicht Callots ganzes Oeuvre gekannt, sondern nur ein paar Blätter, die jedoch ihn, den Schriftsteller, über die Maßen faszinierten. Das war für ihn, wenn man so will, eine schicksalhafte Auswahl, die ihm der Zufall zugespielt hatte. Hätte er, so kann man spekulieren, das Gesamtwerk in zwei Bänden bei Rogner & Bernhard aus dem Jahr 1971 mit den vielen kleinen Bildchen vor Augen gehabt, hätte er vielleicht den Wald vor lauter Bäumen nicht gesehen, wäre der Funke nicht übergesprungen.

Was ich nach diesen einleitenden Worten sagen will: Die museale, distanzierte, „objektive", wissenschaftliche Betrachtung der Kunst ist eine Sache, der existenzielle Kurzschluss zwischen zwei Subjekten aber eine andere. Callot ist für mich, ein halbes Jahrtausend hin oder her, ein Zeitgenosse mit interessanten, aktuellen Bilderfindungen. Und nicht bloßer Materiallieferant für Historiker, nicht nur ein Zwischenglied in der Kunstgeschichte.

Wir kreativ Tätigen (wenn ich mich in aller gebührenden Bescheidenheit dazurechnen darf) sind im Bewusstsein unserer

Brüderschaft etwas unbekümmerter und wurschtiger als die exakten Wissenschaftler und die pedantischen Krämer des Bildrechthandels. Vor diesem Hintergrund hat mir Jacques in einer spirituell-spiritistischen Séance die Erlaubnis erteilt, einige seiner herrlichen Figuren nachzuzeichnen und in meinen geistigen Welten auftreten zu lassen. Ich will dabei nicht verhehlen, dass Jacques Callot, der elegante Zeichner und Ziseleur, meine Nachbildungen kritisch beäugte und offensichtlich nicht hundertprozentig zufrieden war. Sein altertümliches Französisch konnte ich nur bruchstückhaft verstehen, aber Wörter wie „crude" und „maladroit" drangen an mein Ohr – das war nicht unbedingt ein Kompliment! Andererseits entpuppte sich Jacques als gutmütige Seele. Er hörte sich geduldig an, was ich zu meiner Rechtfertigung vorbrachte, und nuschelte: „Je m'en fiche". Wir schieden als Freunde, er ab in den Parnass und ich zum Computer.

Das Lesen von Gedichten

Mensch!
Dieses Gedicht ist
nicht gut. Dieses Gedicht
ist ein Angriff auf die
freiheitlich-demokratische
Grunzordnung.
Wer dieses Gedicht liest,
macht sich strafbar und
wird bestraft. Die Strafe
liegt nicht unter fünf Jahren
bei Wasser, Brot und Lesen
von hundert Gedichten
pro Tag.

Schauen Sie genau hin!

Hier, meine Damen und Herren,
in der flachen Schüssel, das
menschliche Hirn, 1300 Gramm
und ein absolutes Wunder,
das die Wissenschaft nicht
annäherungsweise begreift.

Selbst dieses Exemplar,
das Hirn eines ausgesprochenen
Dummmkopfes, der beim Kegelspiel
ausglitt und verschied, ist
verehrungswürdig, von der Anlage her.

Jener Haufen dort ist
Elefantenhirn, 5000 Gramm und
nicht der Rede wert.

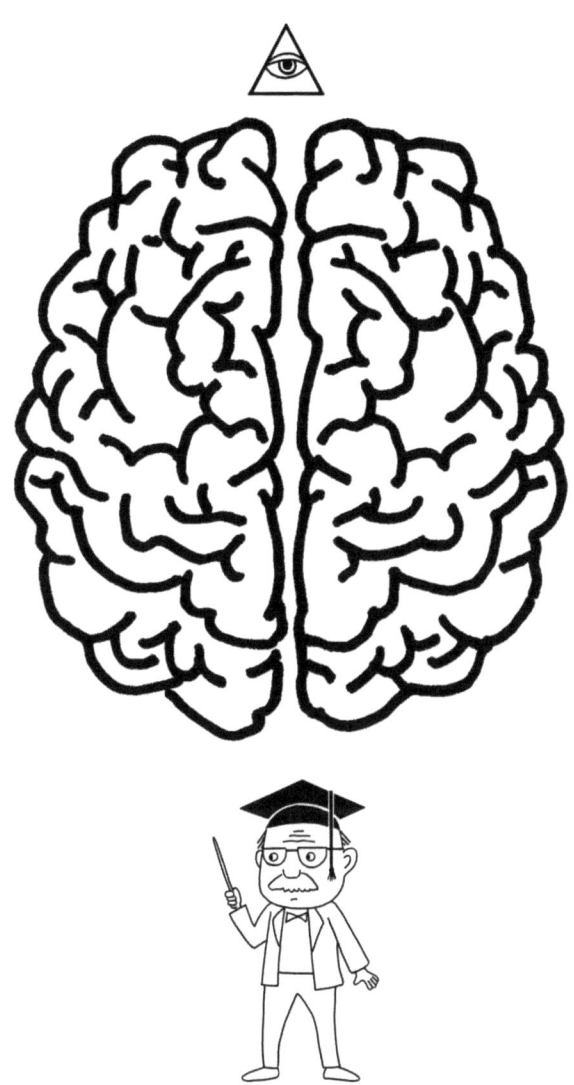

Beim Lesen der alten Klassiker I

Hast du die Han Shan Gedichte im Haus?
Sie sind besser für dich als Sutren-Lesen.
Auf einen Wandschirm schreibe sie dir,
Wirf ab und zu einen Blick darauf.

So schrieb Han Shan
vor vierzehnhundert Jahren.

Hab ich gemacht und WOW!
Han Shan ist besser als
Sutren, Zeitung und all eure Blogs!

Die Alpen

Archetypen in Stein,
mächtige Auf- und Abschwünge
der Erdgeschichte,
eine großartige
Desaster-Serie.
Verehrt von Murmeltieren,
besprungen von Steinböcken,
vielfach besungen
von Sennern & Bankern.
Am Morgen entzünden sich
die Gipfel rot
im Sonnenlicht.
Kopfschüttelnd kletterten
Hannibals Elefanten
über das Geröll und
träumten nachts von
den Savannen Afrikas

In Blues-Stimmung

Liebe, oh Liebe,
oh herzlose Liebe!
Happy Hour und ich
saß krank in Günter's
Bar, die Mädchen
pink, Pfirsiche
drehten sich sanft
in den Gläsern.
Die Boys mit gelben
hochgefönten Haaren,
die Schneidezähne
stolz entblößt.
Weiche Rhythmen
pumpten aus den Boxen.
Ich aber trank
ein rabenschwarzes
Bier und wischte mir
den Schaum (mit ein paar
Tränen) aus dem Schnauzer.
Liebe, oh Liebe,
oh herzlose Liebe,
sagte ich seufzend
nach jedem Schluck.

Frage eines lesenden Arbeiters
beim Googeln

Im Großen und Ganzen
unentschieden,
schrieb Hans Magnus Enzensberger
vor sechzig Jahren.

Im Großen und Ganzen
alles scheiße,
sagte Jürgen Klopp
vor zehn Jahren.

Zwei Männer,
zwei Antworten.
Was aber
war die Frage?

Helden

Helden
werden fromm aufgezogen
in Matrosenanzügen.
Heldentaten sieht man
ihnen nicht an.
Helden legen sich hin,
wenn ihnen das Sandmännchen
den Schlaf bringt.
Helden schlafen viel.

Aber eines Tages ist was
da, was Heldenmäßiges,
ein schwarzes Loch,
in das der Held,
ohne zu fackeln,
ohne zu denken
springt.
Schmatzend geht das Loch zu –
der Held ist weg.

Wir weinen
ein paar Tränen, dann
klatschen wir in die Hände –
da kommen neue Helden
mit bunter Blechmusik.
Ja, Helden sind
unverwüstlich.

Kritik an
WIRKLICH GUTEN GEDICHTEN

Meist ist die Kritik
an WIRKLICH GUTEN
Gedichten eine entsetzliche
Befleckung derselben, eine
heimtückische Ferkelei.
Aber es gibt auch GUTE
Kritiken zu GUTEN Gedichten,
sagen wir von einem GUTEN
Freund, der die Dinge
richtig sieht und dir
etwas GUTES tun will.

Das schreckliche Ende Voltaire's

hat nicht stattgefunden. In Wahrheit
starb Voltaire wohlversorgt
mit den erforderlichen Sakramenten
im Schoß der Kirche.
Testamentarisch verfügte er
die Revision seiner Schriften.
In den Gewölben des Vatikans
sind die Schreiber damit beschäftigt.
Zittert, ihr Spötter!
Voltaire wird heiliggesprochen!

Beim Lesen der alten Klassiker II

Wenn ich ein Vöglein wär'
und auch zwei Flügel hätt',
flög' ich zu dir;
weil's aber nit sein kann,
weil's aber nit sein kann,
bleib ich allhier.

Das schrieben Achim von Arnim
und Clemens Brentano
vor zweihundert Jahren.

Nanu, nanu, nanu!
Was sagste nu dazu?

Wenn ich der Elon wär'
und die Milliarden hätt',
braust' ich zu dir;
weil's aber nit sein kann,
weil's aber nit sein kann,
bleib ich allhier.

Hart an der Grenze

Wettersturz.
Die Wolken blähen sich auf
wie gierige schwarze Löwen.

Kleinlaut
sucht das Federvieh
Unterschlupf. Es schiebt
seine gepolsterten Hinterteile
durch das Einstiegsloch.

Eine unheimliche Situation.
Mit roten chinesischen
Untertiteln wäre sie
unerträglich.

For Matjes Köppl

Äch wiis nicht, wos sull es beduuten,
dass äch so truurig bönn.
En Mierchen us urolten Züten,
das geit mör nächt usm Sönn.
Dü Nacht ist so kuul und es donkelt
und ruhig flüßet der Rhiin.
Äch wiis nicht, wos sull es beduuten,
dass äch so truurig bönn.

Beim Lesen der alten Klassiker III

Am Gipfel des Wen-Berges
im Abendrot
dichte ich diese Strophe.

Dies schrieb Li Zhaoheng
im Jahre 1630.

Am Schreibtisch
im Lampenlicht
las ich Li Zhaohengs Worte
und schrieb dieses Gedicht.

Wie immer

Das schäbige Karusell
am Hafen – hier feiern
die Sieger mit Rock
und billigem Bier.
Siege währen ewig
und ewig liegen die Besiegten
unter ihren bronzenen Kanonen
im Meer. Die letzte Runde,
Segeltuch drüber. Nebel
kriecht aus der See.
Der Hafen ist leer, nur
eine Schlägerei im Hintergrund,
dann Stille. Gelb
wabern die Lampen,
wie immer.

Fantasy

Die stillen Kammern
wurden eingeschlagen, Träume
quollen heraus. Tyrannosaurus Rex,
der uralte Gott, richtete
sich auf und sah um sich:
Das Bild der Erde war vollendet.
Lust und Hass rasten
durch die Täler. Der Starke
wurde stärker. Kleine
mausartige Wesen blieben
unbeachtet und vermehrten sich.

Die Übersetzung aus dem Chinesischen ins Deutsche auf Seite 12 stammt von Stephan Schuhmacher. Das Zitat auf Seite 32 habe ich gefunden in: Lothar Ledderose (Hg.), Im Schatten hoher Bäume, 1985.

edition imme

Wolfgang Brenneisen
Die 77 Romane von Konrad Salik
Books on Demand, Norderstedt
ISBN 9783754379271

Wolfgang Brenneisen
Sei einfach, einfach du selbst!
Books on Demand, Norderstedt
ISBN 9783750492684

Wolfgang Brenneisen
Tütland
Books on Demand, Norderstedt
ISBN 9783755740391

Wolfgang Brenneisen
Sechsundzwanzig Freunde
Books on Demand, Norderstedt
ISBN 9783756204588